maçã

яблуко
iabluko

pera

груша
hrusha

laranja

апельсин
apelsyn

limão

лимон
lymon

uvas

виноград
vynohrad

morango

полуниця
polunytsia

melancia

кавун
kavun

coco

кокосовий горіх

kokosovyi horikh

banana

банан
banan

framboesa

малина
malyna

quivi

kιвι
kivi

cereja

вишня
vyshnia

mirtilo

чорниця
chornytsia

ameixa

слива
slyva

pêssego

персик
persyk

figo

інжир
inzhyr

ananás

ананас
ananas

manga

манго
manho

dióspiro

хурма
khurma

couve-flor

цвітна капуста

tsvitna kapusta

curgete

Кабачок-цукіні

Kabachok-tsukini

beringela

баклажан
baklazhan

cenoura

морква
morkva

batata

картопля
kartoplia

couve

капуста
kapusta

tomate

помідор
pomidor

espinafre

шпинат
shpynat

brócolos

броколі
brokoli

ervilhas

горошинки
horoshynky

abóbora

гарбуз
harbuz

abóbora-menina

гарбуз мускатний

harbuz muskatnyi

abacate

авокадо
avokado

alcachofra

артишок
artyshok

cogumelo

гриб
hryb

rabanete

редиска
redyska

alho

часник
chasnyk

cebola

цибуля
tsybulia

beterraba

буряк
buriak

alho-francês

цибуля-порей

tsybulia-porei

pimento

болгарський перець

bolharskyi perets

pimenta-malagueta

перець чилі

perets chyli

espargos

спаржа
sparzha

9 791041 706464